풍경소리

풍경소리

윤월심
제1시집

풍경소리 작가의 인사말

녹음으로 짙어지는 칠월의 향기가 파랗게 피어올라

저 멀리 들녘에 새콤달콤한 청포도는 탐스럽게 익어갑니다

파란 하늘 아래 우리들 마음도 파랗게 물들어가는 싱그러운 여름입니다

순수한 들꽃을 보며 참다운 자아를 찾아

사랑을 노래하고 아픔을 인내하였던 꾸밈없는 진솔한 이야기들이

설렘을 가득 품은 첫 시집「풍경소리」를 출간하게 되었습니다

부족한 저의 시집을 읽어주실 독자분들께

가슴 깊이 감사드립니다

저의 한 편의 시가 많은 분들께 희망과 감동을 안겨 드릴수 있다면

더 없는 행복으로 알고

이 세상 다하는 날까지 늘, 함께 하겠습니다.

수련화 윤 월 심 드림

목차

풍경소리 제1부 세량지의 봄

- 찔레꽃 소녀 _ 12
- 세량지의 봄 _ 13
- 서로 사랑하며 살아가게 하소서 _ 14
- 사성암 _ 15
- 나의 어머니 _ 16
- 이제는 잊으리라 _ 17
- 인생살이 _ 18
- 축령산 _ 19
- 산수유 _ 20
- 인생 _ 21
- 아까시꽃 _ 22
- 봄비 내리는 밤 _ 23
- 저 무성한 잡초를 보라 _ 24
- 꽃잎 _ 25
- 보리밭 _ 26
- 봄비 _ 27
- 바닷가에서 _ 28
- 세월 따라 _ 29
- 봄은 여인의 계절 _ 30
- 희망의 오월이어라 _ 31
- 변산 바람꽃 _ 32
- 그리운 내 고향 _ 33
- 나는 이 세상에 무엇을 남기고 갈 것인가 _ 34
- 오월의 영령들이여 _ 35
- 혼자 사는 여인 _ 36
- 사랑은 눈물이더라 _ 37
- 비 오는 날 _ 38
- 제주 바다 _ 39
- 첫사랑 _ 40
- 내소사 범종 소리 _ 41
- 시인이 가는 길 _ 42

풍경소리 제2부 냉국

- 백일홍 연가 _ 44
- 수련 _ 45
- 냉국 _ 46
- 함께 살고 싶은 사람 _ 47
- 사무치도록 그리운 사람아 _ 48
- 흘러가는 우리 인생 _ 49
- 자연의 진리 _ 50
- 기다림 _ 51
- 하늘 _ 52
- 진정한 사랑 _ 53
- 마이산 탑사 _ 54
- 그대와 나 _ 55
- 상사화 _ 56
- 세월아 내 청춘아 _ 57
- 보성 녹차 밭 _ 58
- 비비추 _ 59
- 창포꽃 _ 60
- 연두빛 사랑 _ 61
- 내 고향 _ 62
- 무상 _ 63
- 산다는 건 _ 64
- 맥문동 _ 65
- 꽃무릇 _ 66
- 눈물의 꽃이 되어 버린 너 _ 67
- 그때 그 시절 _ 68
- 연잎 꽃차 _ 69
- 물처럼 바람처럼 _ 70

목차

풍경소리 제3부 익어가는 삶

- 가을에 _ 72
- 익어가는 삶 _ 73
- 규봉암 _ 74
- 세월아 인생아 _ 75
- 눈물 _ 76
- 모든 것이 한순간 이더라 _ 77
- 가을 외로움 _ 78
- 문수사 단풍 _ 79
- 단풍 꽃길 _ 80
- 저 위대한 가을을 보라 _ 81
- 빈손으로 가는 우리 인생길 _ 82
- 구절초 _ 83
- 가을날의 그리움 _ 84
- 욕심 _ 85
- 죽녹원 _ 86
- 메밀꽃 _ 87
- 황화 코스모스 _ 88
- 쌓인 정 _ 89
- 화두 _ 90
- 떠나가는 가을 _ 91
- 그리운 가을이여 _ 92
- 험난한 우리 인생길 _ 93
- 중년의 길 _ 94
- 덧없는 세월속에 _ 95
- 나는 외로웠다 _ 96
- 내 고향 바닷가 _ 97
- 비우는 마음으로 살리라 _ 98

풍경소리 제4부 눈꽃

- 별 밤 _ 100
- 사랑한다면 _ 101
- 눈꽃 _ 102
- 풍경 소리 _ 103
- 월출산 _ 104
- 일장춘몽 _ 105
- 소나무 _ 106
- 그대는 모르리라 _ 107
- 섬진강 _ 108
- 수행중인 겨울 산 _ 109
- 독감 _ 110
- 겨울 연가 _ 111
- 바위 같은 삶 살리라 _ 112
- 얼마나 더 _ 113
- 눈 오는 날 _ 114
- 무등산 눈꽃 _ 115
- 밤사이 내린 눈 _ 116
- 내 고향이 그리워라 _ 117
- 한사람 사랑한다는것은 _ 118
- 노부부 _ 119
- 내가 사랑했던 그 사람 _ 120
- 아내의 삶 _ 121
- 그대는 정녕 나를 잊었는가 _ 122
- 자연은 나에게 일러주었네 _ 123
- 홍매화 _ 124
- 세상은 돌고 돌아가는 것이다 _ 125
- 중년의 고독 _ 126
- 바람 같은 그대 _ 127
- 상고대 _ 128
- 어머니의 삶 _ 129
- 옛 추억 _ 130
- 희망의 봄이여 오라 _ 131

풍경소리

제1부

세량지의 봄

찔레꽃 소녀

순수함인가
청순함인가
곱디고운 얼굴
반짝반짝 빛나는 눈빛
눈꽃처럼 하얗게 피어
바람에 흩날리는
찔레꽃 소녀야

맑디맑은 새하얀 얼굴
방긋방긋 미소 지으며
가시덩쿨 속에서
아픔 참아 내며
누굴 갈망하며
애타게 기다리는가

달처럼 별처럼
외로움 서러움 견디며
사랑을 노래하는
찔레꽃 소녀야

세량지의 봄

잔잔한 호숫가에
흐드러지게 핀
산 벚꽃과
연둣빛 신록이
형형색색 어우러져
싱그럽고 화사하여라

이른 새벽 물안개가
스멀스멀 피어오르면
한 폭의 수채화처럼
환상적인 풍경이로다

눈부시도록
아름다운 봄꽃
거울 같은 연못 위에
비추면 봄빛 보는
내 마음 달 뜨게 하노라

서로 사랑하며 살아가게 하소서

아름다운 꽃처럼
고운 빛으로
물들어 가는 향기로
서로 사랑하며
살아가게 하소서

강한 비바람 불어와도
찬 바람 눈보라 몰아쳐도
서로 이겨 내며
살아가게 하소서

진실한 마음으로
서로를 이해하며
한없이 품어 안은
깊고 넓은 바다 같은
마음으로 살아가게 하소서

사성암

구례 오산 사성암 가는 길
가파른 길 굽이굽이
돌고 돌아 오르니

깎아지른 절벽 위에
축대를 쌓아
산 전체를 기단 삼아
자연적 예술적으로
절묘하게 세워 놓았네

돌계단을 밟고 올라오니
지리산 노고단 왕시루봉이
한눈에 들어오고
은빛 물결이 눈부신
유유히 흐르는 섬진강
붉은 노을 속으로
아름답게 물들어 간다

나의 어머니

젊음과 청춘 다 바쳐
오직 자식들을 위해
모진 고생하시며
억척스럽게 살아오신
나의 어머니

온종일 밭에 나가
힘들게 일해도
어머니는 괜찮은 줄 알았습니다
철없던 불효 딸
세월이 흘러 자식 키워보니
이제야 어머니 마음을
알 것 같습니다

뽀얀 보름달 같은
고운 얼굴에
주름살로 도배하시고
팔순이 넘은
나이에도 자신보다
자식을 먼저 생각하시는
어머니의 한없는 사랑
어머니의 크신 은혜
어찌 다 갚으리오

이제는 잊으리라

한때 불타도록
뜨겁게 사랑했던
그 사람 이제는 잊으리라
사랑할 때
꽃처럼 아름답지만
헤어질 때 폭풍 같은
눈물이더이다

사랑이 무엇이냐고
묻지 마세요
설명할 수 없는 것이
사랑이더이다
먹어도 먹어도
배부르지 않은
그리움 한 그릇
꾹꾹 눌러 담고 살다 보면
무심히 흐르는 세월속에
그대 추억도 잊히리라

인생살이

비가오면 햇살이 그립고
해가뜨면 비가 그립고
여름엔 겨울이 그립고
겨울엔 봄이 그립습니다

다람쥐 쳇바퀴 돌 듯
돌고 돌아가는 인생살이
어디 즐거운 날만 있으랴 마는
그래도 사는 날까지
기쁨도 주고 웃음도 주며
둥글게 모나지 않게
이슬처럼 맑고 깨끗하게
들꽃처럼 소박하고
순수하게 살리라

축령산

흰 구름은
두둥실 정처없이 흐르고
여인네 치마폭처럼
굽이굽이
이어진 산자락마다
초록 물감 뿌려놓은 듯
푸르다 못해 청 녹하도다

물 좋고 공기 좋은
장성 축령산
편백 나무 숲길을 걷노라니
이 세상 부러운 게 없어라
언제나 어머니 품처럼
포근하고 넉넉한
자연은 위대한 스승이어라

산수유

그리움 안고
피는 꽃이여
가지가지 마다
노란 꽃 망울 툭 툭
터뜨리며
봄을 알리네

노란 요정들이
춤을 추듯
소담 스럽게 피어
손을 흔들며
유혹을 하네

아련하게 잔잔하게
수줍은 미소 띄우고
희망의 노래 부르며
화려하게
봄을 장식하는
산수유꽃이어라

인생

꽃이 진다고
너무 서러워 마라
사랑하는 사람과
이별했다고
너무 슬퍼도 마라

이 세상에
태어났다가
언젠가 한 번
가는 것이
우리 인생이더라

봄꽃 화사하게
피었다가
가을이면 열매가
익어가듯이
우리 인생도
자연의 이치와
다를 바가 없더라

황홀한 노을빛
붉게 물드는
들녘에 풀잎 스치는
바람 소리 같이
우리 인생도
그렇게 저물어 가더라

아까시꽃

오월 오면
봄바람에 날리는
향긋한 아까시 꽃향기가
그립습니다

학창시절 등굣길에
숲이 우거진
산골짜기마다
하얀 눈처럼
피어오른 아까시꽃

이산 저산에서 산뻐구기
구슬프게 울어대고
앞산 뒷산에
흐드러지게 핀
아까시 꽃향기
그리움이 추억 되어
내 가슴을 적십니다

봄비 내리는 밤

봄비는 내 가슴을 적시며
왜 이리도
슬프게 내리는가
꽃 피고 새 울면
오신다던 그대는
어이해 소식조차 없는가

늦은 밤 창문을
흔드는 바람 소리
그대 오시는 소리인가
나지막하게 내리는 빗소리
그대 그리움이
흐르는 밤이어라

저 무성한 잡초를 보라

메마르고
각박한 땅에서도
뿌리를 내리고
가꾸지 않아도
스스로 꽃을 피우는
저 무성한 잡초를 보라

바람불면
이리저리 흔들리고
비가 오면
비에 젖어 쓰러져도
꿋꿋하게
희망을 잃지 않고 살아가는
저 무성한 잡초를 보라

꽃잎

눈부셔라 눈이 부셔라
대원사 벚꽃길
가슴이 쿵쾅쿵쾅
설레게
눈이 부셔라

흰눈이 내리듯이
속절없이 우수수
떨어지는 꽃잎이여
바람에 춤을 추듯이
하늘에서 꽃비가 내린다

소중한 인연처럼
잠시 잠깐 머물다가
아름다운 추억만
남기고 떠나가는
향기로운 꽃잎이여

보리밭

끝없이 펼쳐진
청보리밭
푸른 물결
바람 따라 일렁인다

어릴 적 친구들과
보리피리 꺾어 불던
옛 추억들이
그리움 되어
넘실거린다

달빛 별빛 쏟아지는
여름 밤이면 마당에
모닥불 피워놓고
가족들과 마주앉아
보리 구워 먹으면
도란도란
웃음꽃 피우며
욕심 없이 살았던
그 시절이 그립습니다

봄비

봄비가 추적추적 내리면
사랑하는 사람을
만나고 싶습니다
가슴 사무치도록 아련하게
떠오르는 그리운 그 사람

눈부시도록 아름다운
봄꽃 화사하게 피어나면
다정하게 우산을 쓰고
빗속을 하염없이
걷고 싶습니다

허허로운 마음 달래주듯이
오늘같이 봄비가
내리는 날이면
애절하게 생각나는
그리운 한 사람
만나고 싶습니다

바닷가에서

거센 파도가
밀려왔다 밀려가는
바닷가에서
바람처럼 스치고 지나간
지난날 그리운 추억들이
밤하늘에 빛나는 별처럼
사랑으로 수를 놓는다

바람에 흩어져
하얗게 부서지는 파도 소리
가슴속에 묻어둔
잊지 못할 그 사람
쓸쓸한 백사장에
옛 사랑이 추억되어
그리움만 물결친다

세월 따라

유유히 흐르는
강물은 밤낮없이 흘러도
소리가 없더라
산은 높아도 구름은
걸림이 자유롭게
흘러 가더라

덧없는 부귀영화
한줄기 뜨거운 바람이요
공허한 절세미인
한순간 황홀한 꽃잎이요

젊은 날 청춘도
아름다운 모습도
세월 따라 늙어 가더라

봄은 여인의 계절

봄은 여인의 계절이어라
살랑살랑 부는 봄바람
여인의 치맛자락 휘날리고
아름다운 여인의 향기
가슴 두근두근 설레게 하네

복사꽃처럼 화사하게
피어나는 여인들이여
꽃처럼 아름답고 향기로워라
청포도처럼 상큼 발랄한
청순한 소녀들
나비처럼 팔랑팔랑
눈이 부셔라

희망의 오월이어라

오월은 푸르구나
연두색 치마 펄럭이는
싱그러운 녹색 향연
눈이 부셔라

이팝나무 꽃과
아까시 꽃이
흐드러지게 피어
오월의 꽃향기
거리마다 진동하고
맑고 고운 새들의
노랫소리 흥겨워라

아름다운 오월이여
계절의 여왕이여
모든 만물이 생기 넘치는
청춘의 계절이여
사랑으로 가득한
희망의 오월이어라

변산 바람꽃

바람이 고개를 넘는
우뚝 솟는 산골짜기
바위 이끼 틈 사이로
환한 웃음꽃
가득 담고 피어나는
아름답고 청초한 여인이여

가녀린 몸 움츠리고
부끄러워 부끄러워서
차마 고개 들지 못하고
호기심 가득한
초롱초롱한 눈망울

가슴을 베어내는
차가운 봄바람 헤집고
묵묵히 참고 인내하는
너를 보며
겸손함과 지혜를 배웠노라

그리운 내 고향

하얀 파도가
밀려왔다 밀려가고
바다 멀리 섬들이
그림처럼 아름다운 그곳
내 고향이 그리워라

끝없이 펼쳐진
푸른 초원 위에 누워
뭉실뭉실 피어오른
흰 구름 바라보며
유년의 꿈을 키운
내 고향이 그리워라

산뻐구기 구슬프게
울어대는 밤이면
촛불 밝혀 놓고
긴 편지를 쓰며
하얀 밤을 지새웠던
꿈속에서도 그리운
내 고향이 그리워라

나는 이 세상에 무엇을 남기고 갈 것인가

꽃이 진 자리마다
나무들은 초록으로 짙어져
푸른 숲과 맑은 공기
새들의 둥지를 제공해 주는
저 나무들을 보라

나는 이 세상에 태어나서
무엇을 남기고 갈 것인가
살아온 날들 뒤돌아보니
내 자신이 부끄럽기
그지없네

오월의 영령들이여

가신 임 그리움인가
밤새 산 뻐꾸기
구슬프게 울고
하늘도 슬퍼서
울부짖은 오월이여

아카시아 꽃
눈발처럼 흩날리는
산골짜기마다
허공을 떠돌며
서러운 눈물 흘리는
오월의 영령들이여

순결하고 깨끗한 꽃이여
억울하게 망월동에
묻힌 임 들이여
오월의 슬픔 함성
그날을 어찌 잊으리오
오월의 영령들이여
편히 잠드소서

혼자 사는 여인

아름다운 봄날
방안에 덩그러니 앉아
가슴을 쓸어내리며
흐느끼는 여인이여

뿌리 없는 나무처럼
바람 앞에 홀로 서서
험난한 이 세상을
어찌 살아가야 할꼬
눈앞이 캄캄하여라

혼자이기에 서럽고
혼자이기에 외로워서
가슴 아픈 삶이어라
별 무리 지는 밤
눈썹달 품어 안고
고독을 삼키며
창밖을 보는 여인이여

사랑은 눈물이더라

사랑은 봄꽃처럼 아름답게
가을비처럼 촉촉하게
내 가슴속으로 스며들며 오더라

사랑은 용광로 속의
뜨거운 불처럼
활활 타오르더니
피를 토하는 절규
가슴에 못 하나 박더라

사랑은 아름답지만
이루어질 수 없기에
아픔 상처
쓰디쓴 술잔 위로
뜨거운 눈물
뚝뚝 떨어지더라

비 오는 날

봄비가 주룩주룩
내리는 날이면
사랑하는 사람을
만나고 싶습니다
조용한 찻집에 앉아
다정하게 이야기 나누며
예쁜 추억을 만들고 싶습니다

빗방울 떨어지는
거리를 걸으며
그대 따뜻한 숨소리 느끼며
빗방울 수만큼 우리들 사랑도
깊어가고 싶습니다

제주 바다

끝없이 펼쳐진 수평선
하늘과 바다가 맞닿은 곳
살랑살랑 불어오는
봄바람 따라
노란 유채꽃 향기
코끝을 진동한다

해안 길 도로 따라
푸른 파도가
거칠게 달려오고
바다를 향해 부푼 꿈 안고
떠 나가는 고깃배들
뱃고동 소리에
놀란 갈매기 떼
일제히 비상하며
모였다 흩어졌다
바다를 수 놓는다

출렁이는 바다에
몸을 실은 해녀들
호오이 호오이 거친 숨비소리
인생을 파도 속에서
살아가고 있다

첫사랑

첫눈 오는 날
공원 벤치에서 만나자고
약속했던 우리들
티 없이 맑고 순수했던 시절

첫눈에 설레고
첫눈에 홍당무 되어
풋사과처럼
싱그러운 사랑이었지만
너를 생각하면
내 가슴에 꽃이 핀다

이루어 질 수 없는
사랑이지만
오래도록 내 가슴속에
남아 있는 사랑
그립고 아름답다
지금 너는 어디서
살고 있니 보고 싶다
내 첫사랑아

내소사 범종 소리

사계절 내내 푸르름을 주는
내소사 전나무 숲길 걸으며
침엽수가 내뿜은
특유한 향기
속세의 묵은 때 씻어낸다

파란 하늘 흰 구름
초록빛 나무들과
가지각색의 아름다운 꽃들이
조화롭게 어우러져
한 폭의 그림 같아라

오색 창연한 내소사의
천상의 저녁
은은한 범종 소리
영원을 깨우는 소리
세상을 밝히는 울림소리
천년을 이어온 깨달음 소리
어리석은 중생
지혜로운 마음 갖게 하네

시인이 가는 길

사나운 파도가
밀려오는
망대 끝이라도
시인은 그 길을 간다

자연을 찾아
고독을 찾아
어디든 시를
쓸 수 있다면
시인은 그 길을 간다

아무도 가지 않은
외롭고 힘든
길 일지라도
시인은 그 길을 간다

나 홀로 가야 할 길에
메모지와 연필
한 자루 쥐고
시인은 그 길을 간다

내가 좋아서
내 인생이 좋아서
가는 길
묵묵히 시인은
그 길을 간다

풍경소리

제2부

냉국

백일홍 연가

지난 백일 동안
애틋한 사랑으로
불같이 뜨겁게
활활 타오른
황홀한 내 사랑이여

영원히 변치 말자던
그대와 사랑의 맹세가
가슴속 깊이
아픈 상처만 남기고
언제 온다는 기약도 없이
떠나가시려 하십니까

그대 뜨거운 눈빛
그대 따뜻한 가슴
영원히 간직하리오
옷깃만 스쳐 가도
인연이라 했는데
아직도 못다 한
우리 사랑 어찌하리오

수련

눈부신 아침 햇살이
비추면 눈을 뜨고
은은한 달빛 속에 젖어
잠이 드는 수련이여
잔잔 호숫가에
꽃대가 물 위로 피어오르면
눈부시도록 아름다워라

진흙탕 속에서도
어쩜 이리도 아름다운
꽃을 피워 낼 수 있을까
맑고도 향기로운 수련이여
너를 보고 있으면
어느새 내 마음도 정화되어
어린아이처럼 티 없이
맑고 순수해지노라

냉국

철썩철썩
파도치는
푸른 바다에서
건져 올린 싱싱한 미역

싱그러운 오이
양파 고추 당근
송송 썰어 넣고
얼음 한 그릇 동동 띄워

고소한 참깨를 뿌려
새콤달콤한
시원한 냉국을 만들어
여름을 마신다

함께 살고 싶은 사람

초라한 집에서 살아도
잔잔한 강물처럼
마음 편안하게
해주는 사람과
함께 살고 싶습니다

두부랑 파 송송
썰어 넣고
보글보글 끓인
된장국에
밥을 먹어도
소소한 이야기로
웃음꽃 피우는
사람과 함께 살고 싶습니다

아플때면
걱정스러운 눈빛으로
약봉지 건네주며 힘내라고
따뜻하게 손잡아주며
든든한 바람막이가
되어주는 사람과
영원히 함께 살고 싶습니다

사무치도록 그리운 사람아

어느 하루도 보고 싶지
않은 날 있었는가
어느 한순간도 그립지
않은 날 있었는가

같은 하늘 아래 살면서
만나고 싶어도 만날 수 없고
보고 싶어도 볼 수 없는
사람이기에

그리워 그리워서
보고파 보고파서
잊을 수 없는 사람아
사무치게 그리움이
쌓이고 쌓여
내 마음 슬프게 하노라

흘러가는 우리 인생

강물도 구름도
바람 따라 흘러가고
청춘도 인생도
세월 따라 흘러가네

무심히 흘러가는 세월 속에서
봄이 가면 여름 오듯이
또 그렇게 흘러가는 것이
우리의 인생이어라
새털같이 많은 날들
좋은 일이든 나쁜 일이든
톱니바퀴 돌아가듯이
자연의 섭리 속에
흘러 흘러 가는 것이
우리 인생이어라

자연의 진리

어두운 밤이 가면
밝은 새벽이 오듯이
만남에 기쁨이 있으면
이별에 슬픔이 있네
실패의 경험끝에 성공의
기쁨이 있고
시작이 있으면 끝이 있는 법

가진 것이 아무리 풍족하고
지체가 아무리 높은 사람도
죽음의 골짜기를
벗어 날수는 없네
우주 대자연의 순리에
역행할 수 없듯이
봄 여름 가을 겨울
사계절처럼
우리 인생도 희로애락이 있네

기다림

언제 오시렵니까
아까시 꽃길 걸으면서
둘이서 맹세했던
첫사랑 그 언약 잊으셨나요
긴긴 세월 기다림속에
물을 찾아 헤매이는
목마른 사슴처럼
속이 새까맣게 타들어 갑니다

언제쯤 오시렵니까
기별이라도 해주시지
막연하게 기다리는
애타는 이 심정
그대는 아시는지요
언제 오시렵니까
기약조차 없는 사람아
잃어버린 한 세월
무작정 기다리자니
애간장이 녹아 내립니다

하늘

하늘이 유난히
맑고 푸른 날
어디론가 정처없이
흘러가는 흰구름
붓으로 수채화를
그려놓은 듯 눈이 부셔라
그 누가 이토록
장엄하고 웅장하게
표현 할 수 있으리오

높고도 푸른 하늘은
바다처럼 깊고
땅처럼 넓어라
조용히 침묵하면서도
어머니 품처럼
따뜻한 사랑으로
온 세상을 품어주는 하늘이시여
그대는 신비롭고 위대하도다

진정한 사랑

보고 싶습니다
만나고 싶습니다
수많은 세월이
흐르고 흘러도
우리 사랑의 크기만큼
그대가 그립습니다

한순간도
내 가슴속에
떠나지 않은
그대이기에
사랑이 깊어 갈수록
그리움도 갑니다

진정한 사랑이란
고통과 아픔까지도
끌어안고 살아가야
하나 봅니다

마이산 탑사

찬란하게 힘차게
불끈 솟아오른
태양이 눈 부시다
초록 물결 출렁이는 마이산
우뚝 솟은
암마이봉과 수마이봉
바라볼수록
신비하고 장엄하여라

솔잎으로 생식하며
만 불탑을 차곡차곡
쌓아 올린 이갑용 처사
긴 세월 속에
힘들고 고달팠던 육신의 참회
눈시울 적신다

백여 년의 시간 속에
태풍과 회오리바람에도
끄떡없이 버텨온 탑들
간절한 발원 담아
정성으로 쌓아 올린
공든 탑이 무너지랴
그 지극한 정성에
하늘도 감동이어라

그대와 나

그대가 나비라면
나는 꽃이 되겠습니다
아름다운 꽃으로
향긋한 향기로
그대를 기다리겠습니다

그대가 하늘이라면
나는 구름이 되겠습니다
하늘을 아름답게
수놓은 흰 구름 되어
그대 곁에서 머물겠습니다

그대가 호수라면
나는 달이 되겠습니다
잔잔한 호숫가에
밤이 오면 은은한
내 모습 비추며
그대를 영원히
사랑하겠습니다

상사화

가느다란
목 길게 빼고
날마다 눈멀도록
님이 오시나
애타게 기다리는
꽃이여

오랜 세월 동안
침묵하면서
참고 살아온
애틋한 사랑이
가슴만 태우네

서로 어긋난 사랑 앞에
노란 눈물만
뚝뚝 흘리는
애달프다 꽃이여

세월아 내 청춘아

흐르는 세월아
가는 내 청춘아
내 나이 벌써 중년이더냐
꽃처럼 영원한 줄만 알았던
내 청춘이 어느새
바람같이 지나가는가

잡을 수도 멈출 수도 없는
무정한 세월아
꽃 같은 내 청춘
데리고 가지 마라!
가려거든 너 혼자 가려무나

바람같이 구름같이
흐르는 세월 속에
울고 웃는 인생 보따리
마음껏 풀어 놓고
친구들과 차 한잔 나누면서
어차피 가야 할 길이라면
천천히 쉬어 가련다

보성 녹차 밭

녹음으로 짙어가는
초여름의 향기
그윽한 차밭 향연 속으로
굽이굽이 이어지는
싱그러운 초록 물결

끝없이 펼쳐진
짙푸른 풍경들
보고만 있어도 힐링이 되네
세상살이에 힘든 사람들이여
자연 속으로 오세요

젊음을 부르네
사랑을 부르네
녹차 밭 사잇길로
손잡고 걸어가 보자
시원한 바람 나를 반기고
바람결에 부딪히는
찻잎 소리
청아한 풍경 소리 같노라

비비추

도심속 숲속에
자연과 함께
자라난 비비추
보랏빛 꽃 층층이
맺혀 수줍은 듯
등불 밝히면

여인네 손에
늘어진 비단
천처럼 휘들어진
그 모습 곱기도 해라
여름날 갑자기
소나기 내려
비에 흠뻑 젖어
흐느껴 우는 모습
가냘픔 여인에
설러움 모습 이련가

그립다 못해
사무친 청조한 그 모습
휘늘어진 허공에
곡선을 긋으면
그리운 내 님
새가 되어 오시려나
보랏빛 향기만 날리네

창포꽃

꽃 향기 날리는
연못 습지에
바람결에 전해오는
창포 향기

창포 꽃 어우려지면
단오날 창포 삶은
물로 머리감고
얼굴 씻던
우리 엄마 생각나요

연분홍 저고리
파란치마 입고
창포 뿌리 깎아서
붉은 물 들여
비녀 만들어
꽂던 우리 엄마
생각이나요

연둣빛 사랑

연둣빛 사랑하나
살포시 꺼내어본다
풋과일처럼 풋풋한
젊은 날의 추억
아지랑이처럼
아물아물 피어오른다

새하얀
여름 달밤에
홍조 띤 얼굴로
설레이는 가슴 안고
기다리던 소녀
사랑한다
말 한마디 못하고
그윽한 눈빛에 부끄러운
연둣빛 사랑하나

내 고향

눈감으면 아스라이
떠오르는 내 고향
시냇가 버드나무
길게 늘어지고
종달새 하늘 높이
나르며 즐겁게 노래 불렀지

친구들과 강가에서
물장구치고
허기진 배 달래기 위해
새까맣게 그을린 보리
손바닥으로 비벼
입안 가득 씹으면
참 구수했었지

해 질 녘 굴뚝에서
연기가 모락모락
피어오르고
어머니가 정성 들여
끓여주신 구수한 냉잇국
지금도 생각 나는
내 고향 무안 그리워라

무상

이 세상 영원한
것은 없더라
만남이 있으면
헤어짐이 있고
젊음이 있으면
늙음이 있고
태어남이 있으면
죽음이 있더라
아무리 아름다운
꽃도 피었다가 시들고

해가 지면
밤이 오듯이
화무십일홍이라
달도 차면 기울고
우주 삼라만상의
자연의 섭리 속에
이 세상 모든 것이
변화속에 무상하더라

산다는 건

절벽 위 바위틈에
뿌리를 박고
바람에 흔들리는
소나무처럼
산다는 건
혼자서 견디며
이겨내는 일이다

우리가 살아가는
동안 어느 한순간도
바람 불지 않은 날 있었던가
날마다 크고 작은
바람이 불어와
막막하고 가파른 절벽과
맞닿은 길이었네

산다는 건
묵묵히 인내하며
희망을 안고 살아가는 것
벼랑 끝에 몰려도
스스로 살길을 찾아
살아가야 하는 것이다

맥문동

솔숲 그늘에
바람에 흔들리는
보랏빛 향기

긴 꽃대
하늘 닿은 듯
소복소복 피어나는
어여쁜 아가씨

찌르르 찌르르
목청껏 울어대는
풀벌레 노랫소리 따라

알알이 영글어 가는
여름 속으로
사랑스러운 그녀가
사뿐사뿐 걸어와요

꽃무릇

고즈넉한 산사에
불꽃처럼
활활 타오르는 꽃
긴긴 세월
기다리다 지친
사무친 그리움인가

너무나 보고파서
너무나 그리워서
가슴 뜨겁게 불타오르는데
어찌하여 만날 수
없는 운명인가

끝끝내
이루어질 수 없는 사랑
붉게 붉게 핏빛 되어
가슴만 태우네

눈물의 꽃이 되어 버린 너

가슴속에 담아둔
한 맺힌 설움 이리도
많아 하늘도 우는가
인간의 잔인한 욕망으로
꿈 한번 펼쳐 보지 못한 채
져버린 한 송이 꽃이여

산등선을 헤매며
어딜 떠돌고 다니는가
비통한 가슴 치며
참고 참았던 분노
사나운 폭풍이 되어 휘몰아친다

연기처럼 흔적도 없이
사라지는 육신이여
짧고 짧은 이승길
허망하고 허망하여라
쓸쓸하게 떠나가는
눈물의 꽃이 되어 버린 너
노여움 마음 풀고
원망의 눈빛 거두고
보석처럼 빛나는
밤하늘에 별이 되려 무냐

그때 그 시절

내 어린 시절
저녁노을 붉게 물들어가면
굴뚝에서 연기가
모락모락 피어오르고
마당에 멍석 깔고
식구들과 옹기종기 모여 앉아
웃음꽃 피우며 저녁 먹던
그때 그 시절이 그립습니다

고요한 여름밤이 깊어 가면
무수히 반짝이는
영롱한 별들 바라보며
동생들과 누어서 별을 세며
마냥 행복했던
그때 그 시절이
한없이 그립습니다

이름 모를 풀벌레
노랫소리 자장가 삼아
윤기가 자르르 흐르는
쫀득쫀득한 옥수 먹으며
욕심 없이 순수하게 살았던
그때 그 시절이
새록새록 그리워집니다

연잎 꽃차

그대 찻물 따르는 소리에
여름 밤이 깊어가고
그대 따뜻한 사랑에
풀벌레도 쉬어 갑니다

수줍은 듯 피어오르는
은은한 연잎 꽃차
연초록 찻상 위에 마시는
차 한잔의 깊은 맛
입안 가득히 퍼져
행복의 꽃 피어납니다

물처럼 바람처럼

흙탕물도 더럽다
탓하지 않고 사랑으로
어울려서 흘러가는
물처럼 살리라
미련 없이 흔적 없이
머물다 가는
바람처럼 살리라

겸손한 마음으로
낮은 대로 흘러가는
물처럼 살리라
얽매이지 않고
어디든 자유로운
바람처럼 살리라

욕심도 버리고
탐욕도 버리고
물처럼 바람처럼
자연의 순리대로
나 그렇게 살리라

풍경소리

제3부

익어가는 삶

가을에

가을에 그대와
함께 하고 싶습니다
갈대숲이 바람에
흔들리는 강가를 거닐며

청 푸른 하늘
오색단풍 물결치는
가을에 사랑에 오색 밀어
수놓으며 깊어가는
가을 풍경 바라보며
가을에 그대와 함께
하고 싶습니다

음악이 흘러나오는
조용한 카페에 앉아
김이 모락모락 피어오르는
달콤한 커피를 마시며
행복으로 가득 채운
가을에 그대와 사랑으로
함께 하고 싶습니다

익어가는 삶

가을 들녘에 곡식들이
노랗게 무르익어
아래로 아래로
자신을 낮추며
알알이 익어가네

그대와 나의 사랑도
함께 살아온 세월 동안
미운 정 고운 정이
쌓이고 쌓여
숙성된 포도주처럼
은은한 맛과 향이 어우러져
사랑으로 익어가네

무심히 흐르는
세월 속에 우리 인생도
강물처럼 흐르고 흘러서
젊은 날에 뜨거운 열정과
삶의 고뇌와 아픔이
붉은 노을 속으로
아름답게 익어가네

규봉암

하늘 아래 첫 암자
규봉암 가는 길
휑휑 바람 소리만 들리는
산중의 적막함 속에
한 조각 흰 구름은
걸음걸음 따라 흐르고

눈 덮인 주상절리대의
기암절벽이
한 폭의 수채화 같아라

넉넉한 어머니 품속 같은
무등산 자락에
수천 년 전 바위 속에 새겨진
마애불 부처님에
온화한 미소 속에
삼라만상의 오묘한
진리가 담겨져 있네

세월아 인생아

오늘이 가면
내일이 오듯이
잡을 수도
멈출 수도 없는
무정한 세월아
너는 어이해
뒤도 안 돌아보고
달음박질하느냐

인생도 사랑도
세월 따라 흘러가는구나
무상 타 세월아
앞만 보고 달려온
내 인생이 부질없구나

아~ 덧없이 흘러가는
세월아 인생아
한줄기 불어오는
바람 같구나

눈물

젊은 날엔 젊음을 모르고
사랑할 땐 사랑의
소중함을 몰랐네
무심한 세월의 강가에서
다시 돌아갈 수 없는
아쉬운 마음에
눈시울 붉어지고
아름답고 소중한 기억도
희미한 추억 속으로 사라져가네

중년의 지금 사소한 일에도
왜 이리 눈물이 많은가
살아온 날들의 허무함인가
중년으로 가는 공허함인가

나뭇가지에 매달린
마지막 잎새
바람에 바르르 떨고 있는
모습에도 눈물이 나고
길을 가다가 우연히
마주친 할머니 거친
숨소리만 들어도
그렁그렁 눈물이 맺히네

모든 것이 한순간 이더라

만남에 기쁨도 한순간이요
이별에 슬픔도
한순간 이더라

너 없으면 죽을 것 같은
깊은 사랑도 헤어지면
남남이 되는게
한순간 이더라

인생에서 가장 힘들고
고통스러운 시간도
나를 성장 시키는
한순간에 기회가 되더라

사랑도 돈도 명예도
건강을 잃으면
한순간에 모두 잃게 되더라

가을 외로움

사그락사그락
낙엽길 걷다가
문득 그대 얼굴 떠올라
그리움 한 조각
가슴속에 담아봅니다

아무도 없는
한적한 오솔길에
휑하니 불어오는
가을바람이
아쉬운 이별의
노래를 부르고

무심한 세월은
덧없이 흘러 지나간
옛사랑이 추억되어
가슴으로 사무칩니다
가을은 가을은 왜 이리도
사람의 마음을 외롭고
쓸쓸하게 하는가

문수사 단풍

빨갛게 노랗게
온 산에 붓칠하듯
오색 단풍이
화려하게
불타오르는
천년고찰 문수사

청량산 열두 폭
병풍으로 둘러싸인
천혜의 아름다운 절경 속에

꿀과 전단 향 같고
맑은 호숫물 같은
부처님에 한없는
자비 지혜가
맑고 그윽한
풍경 소리 따라
무거운 업보 소멸하네

단풍 꽃길

가을은 가을은
참 예쁘다
산과 들 거리마다
울긋불긋 화려한
색동 옷 갈아입고
형형색색 수놓으며
황홀한 빛으로
물들어 간다

눈부시도록 화려한
가을 향기 짙어지고
창밖에 서늘한 바람
옷깃을 여미면
꽃보다 아름다운
단풍 꽃길 사랑하는
그대와 함께 걸어가리라

저 위대한 가을을 보라

노랗게 익어가는
황금 들녘에
토실토실 영글어 가는
저 벼의 열매를 보라

여름내내 흘린
땀방울만큼
욕심 없이
만족 할 줄 아는
소박한 농부에
저 비우는 성품을 보라

온산 천을 붉게
물들이고
가슴으로 품어내는
저 위대한 가을을 보라

뜨거운 열정 불태우고
미련 없이 떨어지는
자유로운
저 낙엽을 보라

빈손으로 가는 우리 인생길

빈손으로 왔다
빈손으로 가는
우리 인생길
삼계 윤회 고통 바다
꿈길 같은 우리 인생

채워도 채워도
끝이 없는 우리 욕심
가져도 가져도
만족할 줄 모르는 우리 마음

시작도 끝도
내가 가져온 것도
내가 가져갈 것도 없는
빈손으로 왔다
빈손으로 가는
우리 인생길

구절초

구절초 꽃이
지천으로 피어있는
사방이 산으로
둘러싸인 정읍 산내면

찬란하게 쏟아져 내리는
구절초 폭포수 물길 따라
가을이 하얀 그리움으로 물들어 간다

높고 낮은 산길 따라
하얗게 새하얗게
순백으로 수놓은
아름다운 풍경이어라

가을이 오는 길목마다
잔잔한 꽃 물결 이루고
청초하게 핀
눈이 부시도록 아름다운
가을 여인이여

가을날의 그리움

갈대꽃 흔들리는
강가에 서 있으면
채워도 채워도
채워지지 않은
가을날의 그리움이
가슴으로 스며듭니다

저녁노을
붉게 물든 강가에
하얗게 부서져 내리는
외로운 갈대꽃

바람에 흔들리다
눈물 되어 또다시
피고 지는
덧없이 흘러가는
세월이어라

은은한 달빛 속에
가슴 적시는 가을날의
그리움이 시가 되어
가슴으로 스며듭니다

욕심

백 년도 못살면서
천년만년 살 것처럼
욕심 좀
버리시구려

재물이 아무리 많아도
저 세상
갈 때는 빈손이요
권력이 아무리 높아도
권불십년이요

집착이 크면 클수록
외로움이 깊어지고
욕심이 과하면 과할수록
즐거움은 사라지네

끊임없이 가지려
우리에 욕심
행복도 내가
만드는 것이요
불행도 내가
만드는 것이네

죽녹원

숲이 울창한
아름다운 죽녹원
대나무 오솔길

풋풋한 젊음과
기백이 넘치는
대나무 숲길은
언제나 맑고 향기로워라

고고한 자태 우아한 곡선
쭉쭉 곧게 뻗어 오르는
싱그러움이여

바람이 불면
흔들리지만
절대 꺾이지 않는
절개와 지조의 상징

사철 푸른
늘 변함없는 대나무
그 마음 길을 걷는다

메밀꽃

하얗게 새하얗게
흰 눈이 내린듯이
짠 내음 나는
소금 뿌려 놓은 듯이
텃밭에 메밀꽃이
한가득 피었어요

순백으로 수놓은
천사 같은
가을 여신이여
바람 따라 머문
그대의 애틋한 사랑이
내 가슴으로 안 기운다

사랑으로 마주 보는
연인들 눈 맞춤처럼
바라볼수록
더없이 아름다운
한폭의 풍경화로다

황화 코스모스

유유히 흐르는
황룡강 물길 따라
드넓게 펼쳐진
황금빛 물결이 눈부시다

향기로운
가을 바람 따라
황화 코스모스
어여쁜 소녀들이
하늘하늘 춤추며
아름다운 가을 정취에 취해
사랑 노래를 부른다

가을빛 곱게 물든
꽃길 따라 걷다 보면
강가에 비취는 옥색 빛 하늘
눈이 시리도록 푸르고
청순한 가을 소녀들
노란 꽃물결 풍경 속으로
가을이 익어간다

쌓인 정

산은 높이 오를수록
아름다운 풍경이
한눈에 내려다보이고

너와 나는 서로를
알아 갈수록 끈끈한
정이 흐른다

계곡물은
흐르고 흘러서
바다로 모여들고

너와 나는
흐르는 세월 동안
쌓이고 쌓인 정이
사랑이 된다

화두

태어나 살고 죽음이
모두 다 무상인 것
온갖 집착에서 벗어나려
결가부좌하고

벽과 마주앉아
이 뭣고
화두를 붙잡고 오직
깨달음을 얻기위해
용맹정진 하시는 노스님

잠시 잠깐 사람으로 태어나
소풍을 다녀가는
덧 없는 삶의
무상함을 알기에
선정 삼매에 든 바위하나

떠나가는 가을

아름다운 가을이
아쉬움만 남긴채
짧은 만남 긴~ 이별 고하고
떠나가려 하네

거리마다 낙엽이
소복소복 쌓이고
외롭고 쓸쓸한 가을바람
가슴으로 스며드네

뜨거운 여름날에 사랑도
장미꽃 보다 붉은 그리움도
파도처럼 밀려와
강물되어 흐르고
가을은 그리움만
채곡채곡 남기고
낙엽따라 떠나가네

그리운 가을이여

가을 찬바람에 낙엽이
우수수 길바닥 위로 떨어지고
쓸쓸한 아쉬움만
남긴 채 가을이 떠나 갑니다

눈이 부시도록 화려한
오색단풍 뜨겁게 불태우고
미련 없이 떠나가는
가을이여 그리움이여

사계절 따라 변화는
자연에 이치에 순응하며
앙상한 나뭇가지마다
하얀 눈꽃 피는 겨울 맞이하리라

험난한 우리 인생길

즐겁다가 괴롭다가
기쁘다가 슬프다가
백팔번뇌의 생
무거운 짐을 지고
먼 길 떠나가는
험난한 우리 인생길

실패의 골짜기 건너서
시련에 언덕 오르고
좌절에 바위 딛고 올라

피눈물 나는 노력속에
땀방울이 핏방울 되고
고뇌와 아픔 견뎌내니
승리에 기쁨속에
행복이 찾아오네

중년의 길

살아온 삶에 지치고
외로움에 지치고
그리움에 사무친 중년의 길
바람처럼 허허롭게 살리라
흐르는 강물처럼 유유히 살리라

돈도 명예도 사랑도
잠시 잠깐 머물다 가는
뜬구름 같도다
짧디짧은 삶 속에서
외로움도 그리움도
밤하늘에 별처럼
반짝반짝 빛나게
살다가는 중년의 길 되리라

덧없는 세월속에

아름다운 날들이여
꽃같던 청춘이여
뛰는 가슴 끓은 피
화려했던 젊음이여
덧없는 세월 속에
어느덧 오십 고개 훌쩍 넘어
뒤돌아보니
머리엔 희끗희끗
흰 모자 쓰여있고
몸은 하나둘 고장이 나 있네

세월이 훑고 간 자리마다
굽이굽이 살아온 눈물고개
고개고개 넘어온 가시밭길
자빠지고 넘어지고
덧없이 흘러간
고뇌의 세월속에
한숨 보따리 뿐이로다

나는 외로웠다

길가에 가냘프게 핀
한송이 들국화 꽃처럼
나뭇가지에 홀로 앉아 우는
외로운 한 마리 새처럼

너를 사랑하면 할수록
스치고 지나가는 바람처럼
부서지는 파도처럼
나는 외로웠다

마주보는 별같지만
늘 곁에서 서성이는
외로운 별하나
나는 못견디게 외로웠다

바람앞에 홀로 서서
이리저리 흔들리다
지친 갈대처럼
세월의 강가에서
나는 눈물겹도록 외로웠다

내 고향 바닷가

파란 하늘 아래
끝없이 펼쳐진 푸른 바닷가
갈매기 떼 줄지어 나르고
동트는 새벽이면
만선에 기쁨 안고
통통거리며 요란스럽게
돌아오는 고깃배들

밀려갔다 밀려오는
파도는 밤낮없이
철썩 사르르 철썩 사르르
노랫가락 되어
하얀 물거품 뱉어내며
그리움을 쏟아내고
바다 가운데 그림 같은
작은 섬 하나
홀로 외로이 있었지

계절 따라 철 따라
해당화 동백꽃 피고 지고
나의 유년 시절 꿈을 키운
그리운 내 고향 바닷가

비우는 마음으로 살리라

탐욕도 버리고
성냄도 버리고
그저 바람처럼
물처럼 살아가라 하거늘

욕심에 이끌려 살았던
지난 세월이여
끊임없이 가지려는
허황된 꿈 때문에
얼마나 힘들었던가
이제 비우는
마음으로 살리라

인생이 길다 한들
천년만년 살 것인가
돈이 많다 한들
이고 지고 갈 것인가
들꽃처럼 욕심없이
비우는 마음으로 살리라

풍경소리

제4부

눈꽃

별 밤

밤하늘에 반짝이는
수많은 별빛들
저 별빛 속에
너와 나는 어느 별에서
헤어져 눈빛으로 우는가

창공 속에 그리움
가슴으로 다가온다
빛 되어 쏟아지는
찬란한 불빛들
푸른 파도 밀려오는
쓸쓸한 밤하늘에
젖은 눈빛의 소녀야

우리는 어느 별에서
헤어져 그리움 되어
눈빛으로 우는가

사랑한다면

사랑한다면
상대의 조건이나
처지를 보지 마라

사랑하는 사람을 위해선
희생을 감수하고
온 마음 다 바쳐 사랑하라

사랑한다면
돈과 명예를 보지 마라
사랑하고 좋아하는데
그 어떤 조건이 필요하랴

진실로 사랑한다면
하늘같이 높은 마음
바다같이 깊은 마음으로
변함없이 사랑하라

눈꽃

하늘에서 내려주신
감사한 선물
나뭇가지마다
하얀 눈꽃 피우리라

새하얀 순백으로
아름다운 산천에
깨끗한 사랑 되어
그대 가슴에 안기리라

햇살에 녹아내린
한줄기 눈물
청정한 영혼의
맑은 물 되리라

높고 파란 하늘
그대 찾은 길목에
한점 바람으로 흩어져
하얀 꽃잎 되리라

풍경 소리

깊고도 깊은
고요한 산사에
하얗게 눈 쌓인
설경이 한 폭의
수채화처럼 아름다워라

추녀 끝에 매달려
바람의 노래를 부르는
풍경 소리
뎅그렁뎅그렁

마음에 잠에서 깨어나라
지혜의 문을 열어라
낮은 마음으로
겸손하게 살아라
분별없는 자비심으로
평등하게 살아가라고
깨우침의
노래를 부르네

월출산

사계절 내내 아름다운
풍경을 선물해 주는
남도의 금강산이라 부리는
영암 월출산

우뚝우뚝 솟아오른
신비스러운 바위들
자연이 빚은 조각품으로
기암 절벽과 암릉들이
병풍처럼 펼쳐져 있다

계곡에서 피어오른 물안개
산자락을 가득 메워
구름바다를 만들어 낸
저 눈부신 풍경을 보라
아름다운 금수강산이
화폭처럼 펼쳐져
한 폭의 그림 같아라

일장춘몽

영원할 것 같은 젊음도 부귀영화도
호화로운 명예도
한순간에 사라지는
아침 이슬 같도다
이 세상에 영원한 건
아무것도 없기에
모두가 무상하여라

세상사 모질고
인생사 거칠고
세월은 참 빠르기도 하여라
내 머리에 벌써 흰 눈 내리고
한여름 밤의 꿈처럼
덧없이 흐르는 세월이
물거품 같아라

흐른 물은 세월 같고
부는 바람은 갈대 같고
저무는 해는 내 모습 같구나

소나무

천년의 푸른 날
꽃을 피운 저 소나무는
길고 긴 인고의 세월 견디며
혹독한 육신의 고통
얼마나 아팠으리오

갈라진 두꺼운 껍질 사이로
사지가 찢기고
송진이 피처럼 흘러내려도
세상속 어지러운 이야기
귀 기울이지 않고

언제나 변함없이
한결같은 마음으로
묵묵히 제 자리 지키며
늘 맑고 푸르게
세상 모든 풍파 이겨내며
꿋꿋하게 살아가네

그대는 모르리라

그 얼마나 보고 싶었던가
그 얼마나 그리었던가
내가 그대를 얼마나 사랑하는지
그대는 모르리라

밤마다 반짝이는
수많은 별 중
그대 별 하나 가슴에 안고
까만 밤을 하얗게
지새우는 나날들
그대는 진정 모르리라

속절없이 흐르는 세월 속에
기다리다 지쳐
시들시들 말라가는 꽃잎처럼
그리움에 사무친 마음
그대는 정녕 모르리라

섬진강

섬진강 푸른 물줄기 따라
길게 이어지는 기찻길
시원한 바람 나를 반기고
선로 사이로 피어있는
소박하고 순수한 들꽃
강바람 리듬 맞춰 춤을 추네

흰 구름 정처 없이
어디론가 흘러가고
어디가 산이고
어디가 물인가
하늘빛 산빛 물빛
한데 어우러져
한 폭의 그림이 되고
흐르는 물소리 노래가 되고
잔잔하게 물 위로 비친
아름다운 풍경들
한 편의 시가 되노라

수행중인 겨울 산

흰눈이 하얗게
덮인 겨울 산은
조용히 침묵하며
묵언 수행 중이다

비우고 버리는
무소유에 참된
의미를 실천하며
청정한 마음으로
불철주야 동안 거
수도 정진중

알몸으로 서 있는
겨울 나무 같이
다 비우고 다 버리는 일
결코 쉽지 않으리라

독감

눈부시도록 아름다운
봄날에 불청객 같은
낯선 손님이 찾아와
온몸이 불덩이처럼
뜨겁게 달아올라 열꽃이 피고
식은땀이 주르르 흐르며
며칠째 끙끙 앓아눕게 합니다

모든 일상생활을 잠시 내려놓고
조용히 나를 돌아보며
나 혼자만의 시간을 갖습니다
건강한 몸과 마음으로
살아 숨 쉰다는 것이
우리에게 얼마나 큰 행복인가
나에게 큰 교훈을
가르쳐 주고 간 독감
새삼 고마운 마음을 갖게 합니다

겨울 연가

함박눈 펑펑 내리면
고사리손 호호불며
하루종일 눈썰매 타며
즐거워했던 친구야
어디서 사는지 보고 싶구나

길거리마다 흥겨운
캐럴소리 울려 퍼지고
온 세상이 새 하얗게
변해 버리면
눈 내리는 거리를
다정히 걷고 싶구나

나뭇가지마다
소담스러운 하얀
눈꽃 피어나
나비처럼 나풀나풀 나르면
해맑은 미소가 아름답던 친구야
주름살 깊이만큼
온화한 미소 속에
중년에 너의 모습 그립구나

바위 같은 삶 살리라

오랜 세월 동안
묵언 수행중
굳게 닫힌
상대의 마음 다치지 않게
묵묵히 살아가는
바위 같은 삶 살리라

고뇌의 힘든 바다가
우리 삶을 삼킬지라도
거센 파도와 맞서서
꿋꿋하게 이겨내는
바위 같은 삶 살리라

백 년이 가고 천년이 가도
제자리 지키며 영원히
변치않은 고귀한 사랑
바위 같은 삶 살리라

얼마나 더

얼마나 더 가슴 태우며
보고파 해야
그대를 사랑할 수 있을까
얼마나 더 많은 날을
기다리며 그리워해야
그대를 사랑할 수 있을까
얼마나 더 아파야
얼마나 더 슬퍼야
그대를 사랑할 수 있을까
수많은 세월이 강물되어
흐르고 흘러도
내 가슴속에
지워지지 않은 그대
이밤도 그대 노래 부르리

눈 오는 날

하늘에서
하얀 눈 꽃송이가
살포시 내립니다
어린아이처럼
가슴 두근두근 설레어
창문을 열어봅니다

눈 내리는 겨울밤
소복소복 흰 눈이 쌓이면
친구들과 이야기 꽃 피우며
긴 밤을 꼬박 지새운
추억들이 그리워집니다

순수한 젊은 날에
가슴 벅차던 소중한
별빛 같은 나의 꿈이여
나의 사랑이여
눈 오는 날이면
달콤한 첫사랑 추억들이
함박눈이 쌓이듯이
그리움도 쌓여갑니다

무등산 눈꽃

눈이 시리도록
파란 하늘 아래
반짝이는 순백의 세상이
끝없이 펼쳐져 있다
어디를 둘러보아도
온통 아름다운 눈꽃 풍경

겨울이 만들어 낸
아름다운 작품들 앞에서
감탄사가 저절로 나온다
하얀 설원의 아름다운 풍경이
동화 나라에 온 느낌이다

나뭇가지마다
솜사탕 같은
하얀 눈꽃이 피어나
모양도 가지각색
화려하여라
새하얗게 분단장한
무등산 눈꽃 터널을 걷노라니
꿈속에 길을 걷는 기분이다

밤사이 내린 눈

밤사이 소복소복
하얀 눈이 내렸습니다
온통 순백의 세상 속으로
환상적인 눈 꽃 풍경이
두근두근 가슴
설레게 합니다

누군가 남긴
발자국 따라
뽀드득뽀드득
눈길을 걸으며
옛 추억 속으로
젖어듭니다

내 고향이 그리워라

싱그러운 녹음 속
산 뻐꾸기 밤새 울고
넓은 들녘에 청보리
물결치는 내 고향이 그리워라

비 내린 뒷동산에
오색 찬란한
쌍무지개 뜨고
연분홍 진달래꽃
울긋불긋 수놓은
내 고향이 그리워라

푸른 바다 물결치고
뱃고동 소리 들려오는
유년의 꿈을 노래하던
내 고향이 그리워라

한사람 사랑한다는 것은

한사람 사랑한다는 것은
내 마음속에
바다를 하나 갖게 하는 일이다
바다처럼 넓고 깊은 마음으로
모든 것을 다 받아 주는 것이다

한사람 사랑한다는 것은
내 마음속에 나 라는 한 사람을
더 갖게 하는 일이다
한결같은 마음으로
내 몸처럼 아끼고 존중하며
사랑하는 것이다

한사람 사랑한다는 것은
내 자신의 한계를 넘어서
우주처럼 사랑하는 일이다
차별없는 마음으로
진실하게 온전히
사랑하는 것이다

노부부

공원에서 만난 노부부
절뚝거리며 넘어질 듯
힘겨워 하며 몸이 불편한
아내를 부축기며
두 손 꼭 잡고 걸어가신다

젊은날 아름다운
사랑으로 만나
뜨거운 열정 불태우며
살아온 날들이여
황혼으로 저물어 가는
아름다운 여정길에서
서로가 서로에게 의지 하며
살아가는 삶이어라

어린아이처럼
천진난만한 얼굴이
해 질 녘 붉은 노을 위로
백팔 노부부의 모습이
아름답게 물들어 간다

내가 사랑했던 그 사람

그대를 만난 날부터
사랑은 시작되었고
그대를 사랑한 날부터
그리움이 시작되었네

뜬 눈으로
긴긴밤 지새우며
보고 싶고 그리워서
가슴 태우며
수많은 날을 눈물 흘렸던
내가 사랑했던 그 사람

비오는 날 카페에 앉아
향진한 커피를 마시며
다정하게
이야기를 나누며
사랑을 속삭였던
내가 사랑했던 그 사람

잔잔한 통기타를 치며
감성적인 노래를 불러주었던
내가 사랑했던 그 사람
내가 이 세상에 태어나서
한사람 지독하게 사랑했네

아내의 삶

아내로서 엄마로서
살아가야 하는 삶의 무게
이 세상에 하잖은
사람은 없듯이 모두가
자기 집에서 귀한 딸이요
부모님에게
금쪽같은 자식이다

아내라는 이름으로
자신의 꿈을 젖어야 했고
엄마라는 이름으로
강인하게 억척스럽게
살아가야 했다

하루하루 고단한 삶 속에서
얼굴에 기미 꽃
주름 꽃 피어나고
가을 앓이 하듯이
몸과 마음이 아파도
말못하고 참고 살아가는
아내의 삶

그대는 정녕 나를 잊었는가

세월이 흐를수록
그리움이 겹겹이 쌓여가네
사무친 그리움이
가슴으로 파고들면
먼 하늘 바라보며
그대 생각에 잠겨 봅니다
밤이 되면 새들도
집을 찾아 날아 가는데
어이해 그대는
돌아 올 줄 모르는가

흰 눈 덮힌 돌담 사이로
동백꽃은 저리도 붉게
피었는데
장밋빛 보다 더 붉은
우리의 뜨거운 사랑
그대는 정녕 나를 잊었는가

자연은 나에게 일러주었네

끝없는 설원에
아름다운 눈꽃처럼
깨끗한 마음으로
살아가라고
자연은 나에게
일러주었네

모난 마음도
둥근 사랑을 넣어서
서로 다듬으며
둥글게 둥글게
살아가라고
자연은 나에게
일러주었네

모든것을 덮어주는
아름다운 눈처럼
분별도 편견도 없이
두루두루 더불어
살아가라고
자연은 나에게
일러주었네

홍매화

보슬보슬
함박눈 내리는
하얀 겨울 뜨락에
눈부시도록 아름다운
맑고 고운 여인이여

선홍빛 환한 웃음 짓으며
송올송올 피어나는 꽃망울
눈부시도록 황홀하여라
임을 향한 뜨거운 사랑
그칠줄 모르고
가슴에 사무치는 외로움
심장에서 흐르는 핏빛 그리움
서럽도록 아득하여라

세상은 돌고 돌아가는 것이다

세상은 돌고 돌아가는 것이다
열정의 젊음이 있고
황혼의 늙음이 있고
오르막길이 있으면
내리막길이 있는 것이다

자연의 사계가 있듯이
우리 인생도
바람부는 날 비오는 날
눈오는 날 해뜨는 날
세상은 끝없이
돌고 돌아가는 것이다

해가 뜨고 달이 뜨고
어제는 청춘이었는데
오늘은 백발이더이다
모든 것은 자연의 이치요
자연의 법칙이요
세상천지 만물의
숭고한 진리로다

중년의 고독

긴 겨울밤 고독이 밀려와
이 세상에 나 홀로 있는 것처럼
외롭고 쓸쓸한 중년의 고독
밤새도록 찬바람을 맞고
서 있는
겨울 나무같이
나는 춥고 고독하다

인생 중반을 넘게
살아온 중년의 공허함이
사무치도록 고독을 부르는 이밤
아무도 없는 사막에
홀로 서 있는 탁발승처럼
나는 외롭고 고독하다

바람 같은 그대

마른 나뭇가지에
촉촉하게 적셔주는
봄비처럼 내 가슴에
사랑만 심어 놓고
맑은 바람 한 가닥 스치고
지나가는 바람 같은 사람아

바람 따라 꽃이 피고
바람 따라 꽃이 지나니
바람 같은 그대여

꽃피고 새들 노래하는
봄이 오면
살랑살랑 봄바람 따라
설레는 가슴 안고
사뿐사뿐 내게로 오세요

상고대

바람 타고 온 그대
겹겹이 얼어붙어서
상고대 눈꽃으로 피었는가

하늘에서
싸그락 싸그락
눈이 내려와
고귀한 사랑으로
한 폭의 수묵담채화
풍경을 그려 놓았네

나뭇가지마다
하얀 눈꽃 피어나고
아름답고 눈부신
은빛 향연 속으로
천상의 세계
황홀하여라

어머니의 삶

삶의 무게
폭풍처럼
소용돌이치고

먼 산 하염없이 바라보시며
천장이 내려앉은
긴~ 한숨 소리
새까맣게 타버린 냉가슴

굽어진 허리
주름진 얼굴
뼈마디 마디가
으스러지고
손톱이 다 닳아
지문이 없으신
어머니의 삶

눈보라 속에
살갗을 파고드는
매화꽃도
이토록 아프게
피지 않았으리라

옛 추억

내 어릴 적 어느 해 겨울
함박눈이 펑펑 내려
폭설로 밭고랑 논둑 길까지
산더미처럼 눈이 쌓여
마을 길도 끊어지고
고립되던 해

장작불 때는 온돌방에
온 가족이 옹기종기 모여 앉아
웃음꽃 피우며
군고구마에 동치미 먹던
옛 시절이 그립습니다

구멍이 숭숭 뚫린
창호지 문풍지 사이로
매서운 찬바람 불어와도
오손도손 정 나누며
욕심 없이 소박하게 살았던
그때 그 시절이
아련한 추억으로 다가옵니다

희망의 봄이여 오라

시련의 바람이 불어와
때론 우리를
힘들고 아프게 할지라도
슬픔의 언덕 저 너머에
환하게 웃는
기쁨 날 있으리라

추운 겨울 지나면
따뜻한 봄이 오듯이
고통과 아픔 참고 견디면
희망의 봄날 오리라

눈부시게
찬란한 아침 햇살이여
아름다운 날들이여
꽃피고 새들 노래하는
희망의 봄이여 오라

풍경소리

초판 1쇄 발행 2018년 7월 20일

지은이 윤월심   **펴낸이** 최은순
편 집 황해순   **디자인** 길소연

펴낸곳 문학애출판사
출판신고 2015년 08월 19일(제2015-000050호)

주소 서울시 관악구 난곡로 55
전화 1899-0610   **팩스** 02-857-0510
홈페이지 http//cafe.daum.net/good10001
이메일 lkcnc@naver.com

ⓒ 문학愛, 2015
ISBN 979-11-87707-10-3 03810

* 이 책의 판권은 저자와 문학애출판사에 있습니다.
* 양측의 서면 동의 없는 무단 전재 및 복제를 금합니다.
* 잘못된 책은 바꾸어 드립니다.

이 도서의 국립중앙도서관 출판예정도서목록(CIP)은 서지정보유통지원시스템 홈페이지(http://seoji.nl.go.kr)와 국가자료공동목록시스템(http://www.nl.go.kr/kolisnet)에서 이용하실 수 있습니다.
(CIP제어번호 : CIP2018021570)